SKANDINAVISCHES BROT

EINFACHE UND LECKERE REZEPTE FÜR BROT, BRÖTCHEN UND AUFSTRICHE

METTE ANKARLOO
FOTOS: CHRISTINA UHLIN

Lifestyle
BUSSE
SEEWALD

Impressum

Die schwedische Originalausgabe erschien 2016
unter dem Titel Bröd bei Kakao Förlag.
Text und Rezepte: Mette Ankarloo
Fotos: Christina Uhlin

Für die deutsche Ausgabe:
Illustrationen Umschlag: Andrea Smith in "Skandinavisch feiern"
(ISBN: 978-3-7724-7459-0)
Übersetzung: Marie-Luise Schwarz
Covergestaltung: Petra Ahke
Satz: Arnold & Domnick, Leipzig
Lektorat: Sabine Schwarz
Produktmanagement: Christine Rauch
Druck und Bindung: PNB Print Ltd, Lettland

Neuauflage von TOPP 7452
1. Auflage 2024

ISBN 978-3-7358-5342-4 • Best.-Nr. 25342

FSC www.fsc.org MIX Papier | Fördert gute Waldnutzung FSC® C084698

Penguin Random House Verlagsgruppe
FSC® N001967

INHALT

BACKEN UND GENIESSEN

Was gibt es Schöneres, als ein selbst gebackenes, frisch duftendes Brot mit der Familie und Freunden zu genießen? Gönnen Sie sich diesen Luxus und lassen Sie sich nicht vom Zeitaufwand oder den Kosten abschrecken. Die einzigen Utensilien, die Sie für ein gutes Brot benötigen, sind ein Kochlöffel, eine ausreichend große Schüssel und ein Backofen. Falls Sie eine Haushaltswaage zur Hand haben, ist es sogar noch einfacher. Sie benötigen keine Küchenmaschine und keinen hochmodernen Backofen mit Spezialprogrammen (gelegentlich ist zwar ein Umluftprogramm durchaus praktisch, aber dann ist es im Rezept vermerkt). Sie müssen für das Brotbacken auch nicht besonders viel Arbeit investieren. Das meiste macht der Teig von ganz allein, während Sie schlafen oder bei der Arbeit sind.

Für mich ist das Brotbacken eine tägliche Freude, wobei ich die Arbeit mit den Zutaten und dem Teig fast genauso genieße wie den Geschmack des fertigen Brotes. Ich kann mir kaum noch vorstellen, Brot zu kaufen. Denn es geht einfach nichts über den wunderbaren Geschmack eines selbst gebackenen Brotes. Außerdem weiß ich genau, was in dem Brot steckt – keine Zusatzstoffe, sondern nur reine Zutaten – wenn ich will, sogar nur Bioprodukte. Deshalb eine kleine Warnung vorab: Brotbacken kann schnell süchtig machen!

Mette Ankarloo

SO GELINGT IHR BROT

- Verwenden Sie kalte Flüssigkeit für den Teig, keine lauwarme. Dann geht der Teig gleichmäßig und schön auf und das Brot bekommt einen optimalen Geschmack.

- Decken Sie die Teigschüssel mit Frischhaltefolie ab, damit die Teigoberfläche nicht während der langen Gehzeit antrocknet.

- Eine lange Gehzeit ergibt ein schmackhaftes, saftiges Brot, das gut aufgeht.

- Behandeln Sie den Teig vorsichtig und verwenden Sie einen Teigspachtel, wenn der Teig aufgegangen ist, damit er schön luftig bleibt. Dann muss das Brot meistens auch nur einmal gehen.

- Ein einfacher Trick für eine herrliche Kruste ist, das Brot einige Minuten auf höchster Temperatur zu backen und danach die Hitze für die übrige Backzeit zu reduzieren.

- Mit Roggenmehl lässt sich ein Sauerteigansatz leichter herstellen als mit Weizenmehl. Ein Sauerteigansatz aus Roggen kann dennoch ausgezeichnet für helles Brot verwendet werden.

- Wenn Sie die Zutaten zum Brotbacken abmessen, verwenden Sie am besten eine Waage. Mit einem Messbecher werden Mehl und Flüssigkeiten oft ungenau abgemessen. Eine digitale Küchenwaage ist heute überall preiswert erhältlich – ein Kauf, der sich lohnt!

- Wer keine Haushaltswaage hat, sollte das Mehl und die Flüssigkeiten möglichst im Messbecher abmessen. Und denken Sie daran, das Mehl im Messbecher nicht zu schütteln, sonst setzt es sich fest ab. Mehl im Messbecher muss luftig abgemessen werden!

- Wenn Sie mit einer Digitalwaage abwiegen, stellen Sie die Schüssel auf die Waage und stellen die Anzeige auf null. Wiegen Sie dann eine Zutat ab und stellen Sie die Waage wieder auf null, bevor die nächste Zutat hinzukommt. Das geht kinderleicht und Sie vermeiden es, zusätzliche Gefäße zu verwenden, die später gespült werden müssen!

VOLLKORNBROT

VOLLKORNBRÖTCHEN MIT THYMIAN

Leckere Brötchen mit Thymiangeschmack – perfekt für ein Picknick! Am besten immer eine Portion im Gefrierschrank vorrätig halten, damit der Picknickkorb bei Bedarf schnell gepackt werden kann.

10 STÜCK

25 G FRISCHE HEFE
2 TL SALZ
1 EL GETROCKNETER THYMIAN PLUS ETWAS ZUM BESTREUEN
100 G WEIZENVOLLKORNMEHL
350 G WEIZENMEHL (TYPE 550)

EI ZUM BESTREICHEN
SESAM ZUM BESTREUEN

Die Hefe in eine Schüssel bröckeln. 350 ml Wasser zugeben und die Hefe darin auflösen. Die übrigen Zutaten hinzufügen und zu einem gleichmäßigen Teig verarbeiten. Abgedeckt 2 Stunden ruhen lassen.

Den Teig auf eine mit Mehl bestreute Arbeitsfläche stürzen und in 10 Stücke teilen. Zu Brötchen formen und diese auf ein mit Backpapier ausgelegtes Backblech legen. 30 Minuten ruhen lassen.

Den Ofen auf 225 °C vorheizen. Die Brötchen mit verquirltem Ei bestreichen und etwas Thymian und Sesam darüberstreuen. 7–9 Minuten backen, bis die Brötchen goldbraun sind. Dann auf einem Kuchengitter auskühlen lassen.

GROBES BROT OHNE HEFE

Ein saftiges und gut haltbares grobes Brot, das leicht und schnell zu backen ist. Lassen Sie es besser einen Tag ruhen, bevor Sie es anschneiden.

1 BROT

120 G GROBES ROGGENVOLLKORNSCHROT (Z. B. AUS DEM BIO-SUPERMARKT) PLUS ETWAS ZUM BESTREUEN
35 G HAFERFLOCKEN
165 G ROGGENBACKSCHROT (TYPE 1800)
180 G WEIZENMEHL (TYPE 550)
1 ½ TL SALZ
1 TL FENCHELSAMEN, GROB ZERSTOSSEN
1 ½ TL NATRON
1 ½ TL BACKPULVER
60 G ROSINEN
450 G JOGHURT NATUR (3,5 % FETT)
140 ML SIRUP

Den Ofen auf 200 °C vorheizen (175 °C Umluft). Eine Kastenform (1,5 l) mit Backpapier auslegen.

In einer großen Schüssel alle trockenen Zutaten und die Rosinen mischen. Joghurt und Sirup zugeben und zu einem lockeren Teig verrühren. Den Teig in die Form füllen und mit etwas Roggenmehl bestreuen. Auf der unteren Schiene im Ofen etwa 45 Minuten backen. Bleibt bei der Stäbchenprobe kein Teig mehr haften, ist das Brot fertig. Das Brot in der Form auskühlen lassen, dann stürzen und in ein Geschirrtuch wickeln. Vor dem Anschneiden am besten einen Tag ruhen lassen, so erhält das Brot eine bessere Struktur.

GROBES KASTENBROT

Ein herrlich saftiges, etwas gröberes Brot, das genauso gut als Frühstücksbrot, zum Eintopf oder zu einer Suppe am Abend passt.

1 BROT

12 ½ G FRISCHE HEFE
100 ML MILCH
1 EL SALZ
1 EL HONIG
2 EL RAPSÖL
250 G WEIZENMEHL (TYPE 550)
450 G WEIZENVOLLKORNMEHL
150 G SONNENBLUMENKERNE

Die Hefe in eine Schüssel bröckeln. 500 ml Wasser zugeben und die Hefe darin auflösen, die übrigen Zutaten einarbeiten. Der Teig sollte kurz durchgeknetet werden und gleichmäßig locker sein. Gut abdecken und bei Zimmertemperatur bis zum nächsten Tag stehen lassen.

Eine längliche Kastenform (1,5 l) fetten. Den Teig hineinfüllen und wieder ruhen lassen. Den Ofen auf 250 °C vorheizen und das Brot hineingeben, wenn der Ofen heiß genug ist. Das Brot 10 Minuten backen. Dann die Temperatur auf 200 °C reduzieren und weitere 30 Minuten backen. Das Brot auf ein Kuchengitter stürzen und auskühlen lassen.

KÖRNERBROT

Dieses Brot wird mit gequollenen Saaten gebacken und ist dadurch besonders haltbar und saftig. Man kann es gut mehrere Tage aufheben. Packen Sie es aber nicht in eine große Plastiktüte, sondern schlagen Sie es in ein Geschirrtuch ein, damit die Kruste nach und nach eintrocknen kann. Dann wird das Brot nur noch besser. Man kann es natürlich auch gut einfrieren.

2 BROTE

80 G ROGGENBACKSCHROT (TYPE 1800)
100 G LEINSAMEN
80 G SONNENBLUMENKERNE
1 EL SALZ
25 G FRISCHE HEFE
720 G WEIZENMEHL (TYPE 550)

Roggenschrot, Leinsamen, Sonnenblumenkerne und Salz in einer Schüssel vermischen. 400 ml Wasser zum Kochen bringen, über die Mehl-Saaten-Mischung geben und gut verrühren. Mit Frischhaltefolie abdecken und 1–2 Stunden quellen lassen.

Die Hefe in 350 ml Wasser auflösen und zu der Mehl-Saaten-Mischung geben. Das Weizenmehl zugeben und alles zu einem glatten Teig verarbeiten. Abgedeckt 2 Stunden ruhen lassen.

Den Teig auf eine mit Mehl bestreute Arbeitsfläche stürzen und in zwei Stücke teilen. Die beiden Teigstücke zuerst flach ausrollen, dann aufrollen und mit dem Teigende nach unten auf ein mit Backpapier ausgelegtes Blech legen. Mit einem Geschirrtuch abdecken und 30 Minuten ruhen lassen.

Währenddessen den Ofen auf 250 °C aufheizen. Die Brote mit einem scharfen Messer mehrmals schräg einschneiden und auf der untersten Schiene 10 Minuten backen. Dann die Temperatur auf 175 °C reduzieren und weitere 25 Minuten backen. Auf einem Kuchengitter auskühlen lassen.

KÖRNERBROT MIT MÖHREN

Ein saftiges Kastenbrot mit vielen gesunden Zutaten. Zum Frühstück getoastet schmeckt es genauso gut wie in dicke Scheiben aufgeschnitten zu einer Suppe oder einem Eintopf.

2 BROTE

ZUM QUELLEN:
110 G ROGGENBACKSCHROT (TYPE 1800)
55 G LEINSAMEN
25 G WEIZENKLEIE
45 G ROGGENVOLLKORNSCHROT
90 G SONNENBLUMENKERNE
1 EL SALZ

BROTTEIG:
2 MITTELGROSSE MÖHREN
25 G FRISCHE HEFE
½ EL RAPSÖL
660 G WEIZENMEHL (TYPE 550)

Alle trockenen Zutaten zum Quellen in einer Schüssel mischen. 500 ml Wasser aufkochen, über die Mischung gießen und gut verrühren. Mit Frischhaltefolie abdecken und 2 Stunden quellen lassen.

Die Möhren fein reiben. Die Hefe in eine Schüssel bröckeln. 200 ml kaltes Wasser dazugeben und die Hefe darin auflösen. Die gequollene Mehl-Körnermischung untermengen. Möhren, Öl und Weizenmehl hinzufügen und vermischen. Abgedeckt 1 Stunde ruhen lassen.

Zwei längliche Kastenformen (je 1,5 l) mit Rapsöl oder Butter fetten. Den Teig auf eine mit Mehl bestreute Arbeitsfläche stürzen, in zwei Hälften teilen und diese zu Brotlaiben formen. Die Brote in die Kastenformen legen und mit einem Geschirrtuch abgedeckt 35 Minuten ruhen lassen.

In der Zwischenzeit den Ofen auf 225 °C vorheizen. Die Brote 35–40 Minuten backen. Danach auf ein Kuchengitter stürzen und auskühlen lassen. Zum Aufbewahren die Brote am besten in ein Tuch einschlagen, sie halten sich dann einige Tage frisch.

FEIGENBROT MIT MOHN

Ein etwas gröberes Brot mit dem fruchtigen Geschmack von getrockneten Feigen. Sie machen das Brot auf köstliche Weise saftiger.

2 BROTE

1. TAG:
250 G GETROCKNETE FEIGEN
70 G GROBES ROGGENVOLLKORNSCHROT
(Z. B. AUS DEM BIO-SUPERMARKT)

2. TAG:
165 G ROGGENBACKSCHROT (TYPE 1800)
25 G FRISCHE HEFE
60 G MOHN
1 EL SALZ
600 G WEIZENMEHL (TYPE 550)

1. Tag: Die Feigen in möglichst feine Stücke schneiden, denn sie quellen beim Einweichen stark auf. Mit dem Roggenvollkornschrot und 400 ml Wasser in einer Schüssel vermengen, mit Frischhaltefolie abdecken und bei Zimmertemperatur bis zum nächsten Tag quellen lassen.

2. Tag: Das Roggenmehl zu der Feigenmischung geben. 300 ml Wasser aufkochen, die Masse damit übergießen und auskühlen lassen. Die Hefe in die Feigenteigmischung bröckeln und unterrühren, bis sich die Hefe aufgelöst hat. Die übrigen Zutaten zugeben und alles zu einem Teig verarbeiten. Abgedeckt 1 Stunde ruhen lassen.

Den Ofen auf 200 °C vorheizen. Zwei Kastenformen (je 1,5 l) mit Backpapier auslegen. Den Teig in den Formen verteilen und 50 Minuten backen. Die Brote aus den Formen stürzen und auf einem Kuchengitter auskühlen lassen.

WALNUSSBROT AUS DEM TOPF

Wenn Sie Brot in einem vorgewärmten Topf backen, geht es schön auf und bekommt eine besonders knusprige Kruste!

1 BROT

6 G HEFE
1 ½ TL SALZ
12 G WEIZENKLEIE
60 G WALNUSSKERNE
450 G WEIZENMEHL (TYPE 550)

Die Hefe in eine Schüssel bröckeln und mit 350 ml Wasser gut verrühren. Am besten noch einige Minuten stehen lassen, bis sich die Hefe ganz aufgelöst hat.

Salz, Kleie und Walnüsse unterrühren. Das Mehl zugeben und nur so weit untermengen, bis es sich mit den anderen Zutaten vermischt hat. Den Teig in Frischhaltefolie wickeln und mindestens 4–6 Stunden oder über Nacht (aber nicht mehr als 10 Stunden) ruhen lassen.

Einen gusseisernen Bräter mit Deckel in den kalten Ofen stellen und dann auf höchster Temperatur aufheizen. Mit einem Teigspachtel den Teig rundherum vom Rand der Teigschüssel lösen. Dann den Brotteig in der Schüssel mit dem Spachtel vorsichtig etwas formen. Dabei die Blasen, die der Teig gebildet hat, möglichst nicht zerdrücken!

Anschließend den Teig in den aufgewärmten Topf umfüllen und den Deckel schließen. 5 Minuten backen, dann die Temperatur auf 225 °C reduzieren und weitere 30 Minuten backen. Anschließend den Deckel abnehmen und noch einmal 20 Minuten backen – das Brot soll also insgesamt 55 Minuten gebacken werden.

Das Brot herausnehmen, auf ein Kuchengitter stürzen und auskühlen lassen. Das Walnussbrot lässt sich ausgezeichnet einfrieren.

RUSTIKALES KÖRNERSCHROTBROT

Ein lange haltbares Brot, das ausgezeichnet zu Suppen und Eintöpfen passt. Es schmeckt aber auch getoastet zum Frühstück herrlich.

2 BROTE

1. SCHRITT:
110 G ROGGENBACKSCHROT (TYPE 1800)
55 G LEINSAMEN
25 G WEIZENKLEIE
45 G GROBES ROGGENVOLLKORNSCHROT (Z. B. AUS DEM BIO-SUPERMARKT)
90 G SONNENBLUMENKERNE
1 EL SALZ

2. SCHRITT:
25 G FRISCHE HEFE
600 G WEIZENMEHL (TYPE 550)

EI ZUM BESTREICHEN
60 G SESAM

Alle Zutaten in einer Schüssel vermischen. 500 ml Wasser aufkochen, über die Mehlmischung geben und gut verrühren. Mit Frischhaltefolie abdecken und 2 Stunden quellen lassen.

Die Hefe zerbröckeln und mit 200 ml kaltem Wasser verrühren, in die Schüssel mit der gequollenen Mehlmischung geben. Das Weizenmehl dazugeben und alles zu einem glatten Teig verrühren. Abgedeckt 1 Stunde ruhen lassen.

Den Teig auf eine mit Mehl bestreute Arbeitsfläche stürzen, halbieren und die zwei Hälften zu Brotlaiben formen. Diese auf ein mit Backpapier ausgelegtes Blech legen und mit einem Geschirrtuch abgedeckt 35 Minuten gehen lassen. Währenddessen den Ofen auf 225 °C vorheizen.

Die Brote mit verquirltem Ei bestreichen und mit Sesam bestreuen. 25–30 Minuten backen und anschließend auf einem Kuchengitter auskühlen lassen. Danach jeweils in ein Geschirrtuch einschlagen, dann hält es sich mehrere Tage frisch.

KERNIGES HAFER-FLOCKENBROT

Beim Backen werden die Haferflocken auf der Kruste gleich mitgeröstet, sie machen dieses Brot so kernig und köstlich!

1 GROSSES BROT

6 G FRISCHE HEFE
2 TL SALZ
15 G WEIZENKLEIE
450 G WEIZENMEHL (TYPE 550)

REICHLICH HAFERFLOCKEN FÜR DIE KRUSTE

Die Hefe in eine Schüssel bröckeln, 350 ml Wasser dazugeben und verrühren, bis sich die Hefe gelöst hat. Die übrigen Zutaten einarbeiten. Der Teig sollte zusammenhalten, muss aber nicht durchgearbeitet werden. Die Teigschüssel entweder mit Frischhaltefolie abdecken oder in eine große Plastiktüte geben und anschließend 6–8 Stunden ruhen lassen, zum Beispiel über Nacht oder während des Arbeitstages.

Den Ofen auf 250 °C vorheizen. Eine Arbeitsfläche reichlich mit Haferflocken bestreuen. Den Teig aus der Schüssel direkt daraufgeben, dann von den Teigrändern her zur Mitte hin drücken, bis der ganze Brotlaib mit Haferflocken umhüllt ist. Es sollten aber möglichst keine Haferflocken in den Teig gelangen. Das Brot mit der flachen Seite nach unten auf ein mit Backpapier ausgelegtes Blech legen und in den Ofen schieben. Die Temperatur auf 200 °C reduzieren und 35–40 Minuten backen. Dann das Brot auf einem Kuchengitter auskühlen lassen.

KLEIEBRÖTCHEN VOM BLECH

Die großzügige Portion Weizenkleie im Teig ergibt gesunde Brötchen, die auch gut zu kauen geben. Und es ist so praktisch mit den Brötchen vom Blech – keine klebrige Arbeitsfläche und kaum Arbeit mit dem Teig!

20 STÜCK

50 G FRISCHE HEFE
500 ML MILCH
1 EL SALZ
2 EL SIRUP
2 EL RAPSÖL
66 G WEIZENKLEIE
55 G SONNENBLUMENKERNE
990 G WEIZENMEHL (TYPE 550)

SONNENBLUMENKERNE ZUM BESTREUEN

Die Hefe in eine Schüssel bröckeln, 250 ml Wasser und die Milch dazugeben und die Hefe darin auflösen. Die übrigen Zutaten hinzufügen und alles zu einem Teig verarbeiten. Abgedeckt etwa 40 Minuten ruhen lassen.

Ein tiefes Blech mit Backpapier auslegen und den Teig gleichmäßig darauf verteilen. Mit etwas Weizenmehl bestreuen und mit einem Geschirrtuch abgedeckt 30 Minuten ruhen lassen. In der Zwischenzeit den Ofen auf 225 °C (200 °C Umluft) vorheizen.

Den Teig in 20 quadratische Stücke teilen, mit Sonnenblumenkernen bestreuen und 20–25 Minuten backen, bis die Brötchen eine schöne Farbe bekommen haben. Auf einem Kuchengitter auskühlen lassen.

HELLES BROT

LANDBROT VON DER INSEL VEN

Der Hartweizen gibt diesem Landbrot eine besonders knusprige Kruste und ein wunderbar nussiges Aroma. Durch die lange Gehzeit bilden sich perfekte Bläschen und es entwickelt sich ein einzigartiger Geschmack.

1 BROT

6 G HEFE
2 ½ TL SALZ
150 G HARTWEIZENMEHL (DURUM)
350 G WEIZENMEHL (TYPE 550)

Die Hefe in eine Schüssel bröckeln und in 350 ml Wasser auflösen. Die übrigen Zutaten einarbeiten. Der Teig soll nur kurz zusammengeknetet werden, mehr Zeit braucht es nicht. Die Teigschüssel in eine Plastiktüte geben oder mit Frischhaltefolie abdecken und 6–8 Stunden ruhen lassen, zum Beispiel über Nacht oder während des Arbeitstages.

Den Teig auf eine mit Hartweizenmehl bestreute Arbeitsfläche stürzen. Den Teig mit allen Rändern über die Oberfläche klappen und das ganze Brot wenden. Dann den Teig 20 Minuten ruhen lassen. Währenddessen den Ofen auf 250 °C vorheizen.

Ein Blech mit Backpapier auslegen. Das Brot mit der gefurchten Seite nach oben auf das Blech legen. Etwa 10 Minuten backen, bis das Brot eine schöne Farbe bekommt. Dann die Temperatur auf 200 °C reduzieren und weitere 35 Minuten backen. Auf einem Kuchengitter auskühlen lassen.

Das Brot hält sich bis zum nächsten Tag frisch, den Rest am besten einfrieren.

WURZELBAGUETTES MIT LEINSAMEN

Die lange Ruhezeit ergibt ein besonders aromatisches Brot. Außerdem ist es praktisch, den Teig eine ganze Nacht oder einen Tag im Voraus ansetzen zu können.

4 STÜCK

12 ½ G FRISCHE HEFE
2 TL SALZ
660 G WEIZENMEHL (TYPE 550)
30 G LEINSAMEN PLUS EINIGE ZUM AUSBACKEN

Die Hefe in eine Schüssel bröckeln und mit 500 ml Wasser und dem Salz gut verrühren. Mehl und Leinsamen zugeben und alles zu einem glatten Teig vermengen. Die Schüssel mit Frischhaltefolie abdecken oder in eine große Plastiktüte geben. Den Teig 12 Stunden lang im Kühlschrank ruhen lassen.

Den Ofen auf 250 °C vorheizen. Ein Blech mit Backpapier auslegen. Den Teig auf eine mit Mehl und Leinsamen bestreute Arbeitsfläche stürzen. Mit einem Teigspachtel mehrmals wenden, damit der Teig rundherum mit Mehl und Leinsamen bedeckt ist. Beim Wenden darauf achten, dass der Teig nichts von seiner feinen, luftigen Struktur verliert.

Den Teig in vier Stücke aufteilen. Jedes Stück zu einer Baguettestange formen, etwas zwirbeln und auf das Blech legen. Direkt danach etwa 13–15 Minuten backen, bis die Baguettes eine schöne Farbe bekommen haben. Auf einem Kuchengitter auskühlen lassen.

WEICHES FLADENBROT

In Schweden gilt weiches Fladenbrot („tunnbröd") als typisch für die nördlichen Regionen, dennoch ist es im ganzen Land sehr beliebt. Es ist ideal für Picknicks, kann aber auch pikant belegt zum Aperitif gereicht werden.

12 FLADEN

50 G FRISCHE HEFE
150 G BUTTER
400 ML MILCH
2 TL HIRSCHHORNSALZ
½ TL SALZ
150 ML HELLER SIRUP
45 G ZUCKER
300 G WEIZENMEHL (TYPE 1050)
200 G ROGGENMEHL (TYPE 1150)
500 G WEIZENMEHL (TYPE 550)

Die Hefe in eine Schüssel bröckeln. Die Butter in einem Topf schmelzen und dabei Milch, 400 ml Wasser, Hirschhornsalz und Salz hinzufügen. Die leicht erwärmte Flüssigkeit über die Hefe gießen und verrühren, bis sich die Hefe aufgelöst hat. Sirup und Zucker hinzufügen. Die Mehlsorten mischen und nach und nach in die Flüssigkeit einrühren. Alles zu einem geschmeidigen Teig kneten. Abgedeckt etwa 30 Minuten ruhen lassen.

Ein Backblech in die mittlere Schiene des Ofens schieben und diesen auf 250 °C erhitzen. Den Teig auf eine mit Mehl bestreute Arbeitsfläche geben und mit bemehlten Händen in 12 Stücke aufteilen. Die Teigstücke zu dünnen, runden Fladen von 2–3 mm Dicke ausrollen. Mit einer Gabel einige Löcher in den Teig stechen.

Die Fladen nacheinander einzeln auf dem heißen Blech 3–4 Minuten backen. Anschließend die Brote zum Auskühlen stapeln, dabei jeweils ein Geschirrtuch dazwischenlegen. Das weiche Fladenbrot kann problemlos eingefroren werden. Dafür faltet man es frisch gebacken zu Vierteln, so passt es leichter in den Gefrierbeutel.

SESAMBAGUETTES

Herrlich knusprige Baguettes! Die Sesamsamen werden beim Backen geröstet und verleihen dem Brot einen feinen nussigen Geschmack.

3 BAGUETTES

6 G FRISCHE HEFE
1 ½ TL SALZ
7 G WEIZENKLEIE
380 G WEIZENMEHL (TYPE 550)

SESAM UND MEHL FÜR DIE KRUSTE

Die Hefe in kleinen Stücken in eine Schüssel bröckeln. 300 ml Wasser dazugeben und verrühren, bis sich die Hefe aufgelöst hat. Die übrigen Zutaten hinzufügen und alles zu einem leicht festen Teig verarbeiten. Mindestens 4 Stunden ruhen lassen, noch besser sind 8–10 Stunden – zum Beispiel über Nacht.

Den Teig auf eine mit Sesam und Mehl bestreute Arbeitsfläche stürzen. Etwas auseinanderziehen und dann in drei Stücke aufteilen. Jedes Stück in Baguetteform bringen und etwas zwirbeln, dann auf ein mit Backpapier ausgelegtes Blech oder ein Baguetteblech legen.

Den Ofen auf 250–275 °C vorheizen und die Baguettes während dieser Zeit ruhen lassen. Anschließend 14 Minuten backen und danach auf einem Kuchengitter auskühlen lassen.

GROSSES HAFER-BAGUETTE

Ein sehr schmackhaftes Baguette mit Haferflocken, die ihm eine schöne kernige Note verleihen.

1 BROT

6 G FRISCHE HEFE
1 ½ TL SALZ
60 G HAFERFLOCKEN
45 G SONNENBLUMENKERNE
330 G WEIZENMEHL (TYPE 550)

HAFERFLOCKEN FÜR DIE KRUSTE

Die Hefe in kleinen Stücken in eine Schüssel bröckeln. Mit 300 ml Wasser verrühren, bis sich die Hefe aufgelöst hat. Die übrigen Zutaten hinzufügen und alles zu einem leicht festen Teig verarbeiten. Mindestens 4 Stunden ruhen lassen, noch besser sind 8–10 Stunden – zum Beispiel über Nacht.

Den Teig auf eine mit Haferflocken bestreute Arbeitsfläche stürzen. Etwas auseinanderdrücken und dann der Länge nach mit einem Teigspachtel teilen. Die beiden Teile zu einem Baguette formen und zwirbeln, dann auf ein mit Backpapier belegtes Backblech legen. Den Ofen auf 250–275 °C vorheizen und das Baguette während dieser Zeit ruhen lassen.

Das Blech in den Ofen schieben, die Temperatur auf 200 °C reduzieren. Etwa 20 Minuten backen und danach auf einem Kuchengitter auskühlen lassen.

FRÜHSTÜCKSBRÖTCHEN MIT MOHN

Um einen besonders geschmeidigen Teig für die Brötchen zu bekommen, muss er hier – im Gegensatz zu vielen anderen Rezepten in diesem Buch – ordentlich durchgeknetet werden. Diesmal wollen wir keine größeren Luftlöcher in den Brötchen haben!

12 STÜCK

25 G FRISCHE HEFE
300 ML MILCH
2 EL RAPSÖL
2 TL SALZ
720 G WEIZENMEHL (TYPE 550)

1 EI
MOHN ZUM BESTREUEN

Die Hefe in eine Schüssel bröckeln. Mit der Milch und 200 ml kaltem Wasser verrühren, bis sich die Hefe aufgelöst hat. Die übrigen Zutaten hinzufügen und alles zusammen zu einem Teig verarbeiten. Die Schüssel mit Frischhaltefolie abdecken oder in eine große Plastiktüte stecken. Den Teig 1 ½ Stunden ruhen lassen.

Zwei Bleche mit Backpapier auslegen. Den Teig auf eine mit Mehl bestreute Arbeitsfläche stürzen, in die Länge ziehen und in 12 Stücke teilen. Zu gleichmäßig runden Brötchen formen und diese auf die Bleche legen. Noch 40 Minuten gehen lassen.

Den Ofen auf 225 °C (200 °C Umluft) vorheizen. Mit Umluft können Sie die beiden Bleche gleichzeitig backen, ansonsten nacheinander. Das Ei verquirlen, die Brötchen damit bestreichen und mit Mohn bestreuen. Etwa 12 Minuten backen, bis die Brötchen richtig schön aufgegangen und goldbraun sind. Danach die Brötchen abgedeckt mit einem Tuch auf einem Kuchengitter auskühlen lassen. Die Brötchen lassen sich auch sehr gut einfrieren.

SCHNELLE BAGUETTEBRÖTCHEN

Diese Brötchen sind kinderleicht zu backen und gehen verhältnismäßig schnell, weil der Teig nur einmal gehen muss.

20 STÜCK

50 G FRISCHE HEFE
1 ½ EL SESAM
1 EL SALZ
770 G WEIZENMEHL (TYPE 550)

Die Hefe in eine große Schüssel bröckeln und mit 600 ml kaltem Wasser, Sesam und Salz gut verrühren. Das Mehl hinzufügen. Mit einem Kochlöffel oder einem stabilen Teigschaber durchrühren, bis alles gut vermischt ist. Die Schüssel mit Frischhaltefolie abdecken oder sie in eine große Plastiktüte stecken. Den Teig mindestens 1 Stunde, noch besser bis zu 3 Stunden ruhen lassen.

Den Ofen auf 250–275 °C vorheizen. Zwei Bleche mit Backpapier auslegen. Den Teig auf eine mit Mehl bestreute Arbeitsfläche geben. Den Teig mit einem Teigspachtel so wenden, dass er rundherum mit Mehl bedeckt ist, dabei aber seine feine, luftige Struktur behält. Den Teig in zwei Stücke aufteilen.

Die eine Hälfte auf eine Länge von etwa 50 cm ziehen und in 10 schräge Stücke schneiden. Diese Stücke jeweils in Form drehen und auf ein Blech legen. Direkt danach das Blech in den Ofen schieben und 9–11 Minuten backen, bis die Brötchen eine schöne Farbe haben. Aus dem Ofen nehmen und auf dem Blech auskühlen lassen.

Mit dem zweiten Teigstück genauso verfahren, während das erste im Ofen ist und ebenfalls gleich danach backen. Brötchen, die bis zum nächsten Tag nicht gegessen werden, am besten einfrieren, damit sie nach dem Auftauen so frisch schmecken wie direkt nach dem Backen.

BAGUETTE MIT FENCHEL UND CHILI

Mit nur wenig Hefe, kalter Flüssigkeit und langer Ruhezeit bekommt das Baguette seine feine, luftige Struktur, ohne dass der Teig lange bearbeitet oder geknetet werden muss.

1 GROSSES BAGUETTE

6 G FRISCHE HEFE
100 ML MILCH
½ TL FENCHELSAMEN
2 TL CHILIFLOCKEN
1 ½ TL SALZ
450 G WEIZENMEHL (TYPE 550)

Die Hefe in eine Schüssel bröckeln. Mit der Milch und 200 ml kaltem Wasser verrühren, bis sich die Hefe aufgelöst hat. Gewürze, Salz und Mehl hinzufügen und zu einem Teig verarbeiten. Die Schüssel mit Frischhaltefolie abdecken und mindestens 5 Stunden ruhen lassen, zum Beispiel über Nacht. Je länger der Teig ruht, umso luftiger wird das Brot.

Ein Blech mit Backpapier auslegen und die Arbeitsfläche großzügig mit Mehl bestreuen. Mit einem Teigspachtel den Teig rundherum vom Rand der Schüssel lösen und auf die Arbeitsfläche stürzen. Den Brotteig mit dem Spachtel vorsichtig wenden, bis er rundherum bemehlt ist. In zwei Stücke teilen und zu einem großen Baguette zusammendrehen. Das Brot auf das Blech legen und den Ofen auf 250–275 °C vorheizen. Das Baguette währenddessen ruhen lassen.

Das Blech in den Ofen schieben und 5 Minuten backen. Danach die Temperatur auf 200 °C (175 °C Umluft) reduzieren. Weitere 20–25 Minuten backen. Das Baguette sollte eine schöne Farbe und eine knusprige Kruste haben. Auf einem Kuchengitter auskühlen lassen. Das Baguette lässt sich ausgezeichnet einfrieren.

GROSSES LANDBROT

Das ideale Brot für viele Leute am Tisch! Man lässt es lange bei niedriger Temperatur backen, damit es eine knusprige Kruste bekommt.

1 BROT

25 G FRISCHE HEFE
100 ML MILCH
1 EL SALZ
1 EL HONIG
2 EL RAPSÖL
30 G WEIZENKLEIE
670 G WEIZENMEHL (TYPE 550)
120 G SONNENBLUMENKERNE

60 G SESAM ZUM AUSBACKEN

Die Hefe in eine Schüssel bröckeln. 500 ml Wasser dazugeben und verrühren, bis sich die Hefe aufgelöst hat, dann alle übrigen Zutaten einarbeiten. Der Teig soll zwar zusammenhalten, muss aber nicht durchgearbeitet werden. Die Teigschüssel mit Frischhaltefolie abdecken oder in eine große Plastiktüte stecken und mindestens 2 Stunden gehen lassen. Wenn es besser in Ihren Tagesablauf passt, kann der Teig auch 4–5 Stunden bei Zimmertemperatur oder bis zu 10 Stunden im Kühlschrank gehen.

Den Ofen auf 250–275 °C vorheizen. Mehl und Sesam auf die Arbeitsfläche streuen, den Teig darauf stürzen und in der Mehlmischung wenden. Dann den Teig länglich formen und leicht verdrehen. Das Brot auf ein mit Backpapier ausgelegtes Backblech legen und direkt in den Ofen schieben. 5 Minuten backen, dann die Temperatur auf 175 °C reduzieren und weitere 45 Minuten backen. Auf einem Kuchengitter auskühlen lassen.

TOMATENBROT

Ein sommerliches Brot, das perfekt zu frischen Salaten und zum Grillabend passt. Schmeckt sowohl mit Basilikum als auch mit Oregano wunderbar würzig.

2 BROTE

1 DOSE GANZE TOMATEN (400 G)
25 G FRISCHE HEFE
2 TL SALZ
½ EL RAPS- ODER OLIVENÖL
1 EL GETROCKNETES BASILIKUM ODER OREGANO
450 G WEIZENMEHL (TYPE 550)

Die Tomaten bereits in der Dose mit einem Messer in kleine Stücke schneiden und mit der Flüssigkeit in eine Schüssel gießen. 50 ml Wasser hinzugeben, die Hefe hineinbröckeln und verrühren, bis sie sich aufgelöst hat. Die übrigen Zutaten einarbeiten. Der Teig soll zwar zusammenhalten, muss aber nicht durchgearbeitet werden. Abgedeckt 1 Stunde gehen lassen. Währenddessen den Ofen auf 225 °C vorheizen.

Den Teig auf eine mit Mehl bestreute Arbeitsfläche stürzen, in zwei Stücke teilen und diese zu kleinen Brotlaiben formen. Die Brote auf ein mit Backpapier ausgelegtes Blech legen. Mit Wasser bestreichen und etwas Basilikum bzw. Oregano darüberstreuen. Sofort 30–35 Minuten backen. Auf einem Kuchengitter auskühlen lassen.

WEICHE MILCH-BRÖTCHEN VOM BLECH

Die soften Brötchen sind besonders bei Kindern beliebt. Sie sind einfach abzubrechen und der Rest lässt sich einfrieren. Später sind sie in der Mikrowelle blitzschnell aufgetaut und das Frühstück kann beginnen!

20 STÜCK

160 G HAFERFLOCKEN
800 ML MILCH
50 G FRISCHE HEFE
2 EL RAPSÖL
1 EL HONIG
1 EL SALZ
600 G WEIZENMEHL (TYPE 550)

Die Haferflocken mit 600 ml Milch in einem Topf unter Rühren aufkochen und den Topf dann von der Kochplatte nehmen. Die Masse in eine Schüssel füllen und die restliche kalte Milch einrühren. Bei Zimmertemperatur auskühlen lassen.

Die zerbröckelte Hefe in dem Teigansatz auflösen und die übrigen Zutaten hinzufügen. Den Teig 50–60 Minuten gehen lassen.

Ein tiefes Backblech mit Backpapier auslegen und den Teig gleichmäßig darauf verteilen. Mit Weizenmehl bestreuen und unter einem Geschirrtuch weitere 30 Minuten gehen lassen. Währenddessen den Ofen auf 225 °C (200 °C Umluft) vorheizen.

Den Teig gitterförmig in 20 Quadrate schneiden und 20–25 Minuten backen, bis die Brötchen eine schöne Farbe haben. Auf einem Kuchengitter unter einem Tuch auskühlen lassen. Brötchen, die nicht am selben Tag gegessen werden, gleich einfrieren, damit sie nach dem Auftauen so frisch schmecken wie nach dem Backen.

TOASTBROT SELBST GEMACHT

Dieses Brot lässt sich besonders gut toasten! Schneiden Sie es vor dem Einfrieren, dann können Sie die eingefrorenen Scheiben direkt in den Toaster stecken.

2 BROTE

30 G LEINSAMEN
50 G BUTTER
250 ML MILCH
50 G FRISCHE HEFE
2 TL SALZ
12 G WEIZENKLEIE
780 G WEIZENMEHL (TYPE 550)

Leinsamen mit 50 ml Wasser in einem geschlossenen Topf aufkochen. Den Topf von der Kochplatte nehmen, die Butter hinzufügen und in der Masse schmelzen lassen. Milch, 250 ml Wasser, zerbröckelte Hefe, Salz und Weizenkleie ebenfalls in den Topf geben und alles verrühren, bis sich die Hefe aufgelöst hat. Die Masse in eine große Schüssel geben. Das Weizenmehl hinzufügen und alles zu einem geschmeidigen Teig verarbeiten. Abgedeckt 50 Minuten gehen lassen.

Zwei längliche Kastenformen (je 1,5 l) fetten. Den Teig in der Teigschüssel durcharbeiten, auf eine mit Mehl bestreute Arbeitsfläche stürzen und durchkneten, bis er geschmeidig ist. Den Teig in zwei Hälften teilen. Jedes Stück zu einem Rechteck ausrollen, dessen kurze Seite so lang ist wie die Länge der Backform. Die Teigplatten von der kurzen Seite her aufrollen und mit der Teigkante nach unten in die Formen legen. Die Brote mehrfach einstechen und unter einem Tuch weitere 30 Minuten gehen lassen. Währenddessen den Ofen auf 225 °C vorheizen.

Auf der untersten Schiene etwa 35 Minuten backen. Die Brote auf ein Kuchengitter stürzen und unter einem Tuch auskühlen lassen.

EINFACHES TOPFBROT

Durch die lange Ruhezeit bekommt das Brot einen wunderbaren Geschmack. Außerdem eignet sich eine Kasserolle hervorragend als Backform, um dem Brot eine nahezu professionelle Kruste zu geben. Das Rezept dazu ist so simpel, dass ich es als bestes „Anfängerbrot" im ganzen Buch empfehlen möchte!

2 BROTE

12 ½ G FRISCHE HEFE
2 ½ TL SALZ
640 G WEIZENMEHL (TYPE 550)

Die Hefe in eine Schüssel bröckeln. Mit 525 ml Wasser verrühren, bis sich die Hefe aufgelöst hat. Salz und Mehl unterrühren und alles zu einem Teig verarbeiten. Die Schüssel mit Frischhaltefolie abdecken und den Teig 8–10 Stunden gehen lassen, zum Beispiel über Nacht oder wenn Sie bei der Arbeit sind.

Zwei Kasserollen (am besten aus Gusseisen) mit Deckel in den kalten Ofen stellen und diesen auf 250 °C aufheizen. Den Teig auf eine mit Mehl bestreute Arbeitsfläche stürzen und in der Mitte teilen. Die zwei Teighälften auseinanderziehen und jeweils die zwei Enden über die Schnittkante zu eher unförmigen Stücken formen.

Die Töpfe aus dem Ofen holen und die Deckel abnehmen. Den ersten Teigklumpen anheben, so viel Mehl wie möglich abschütteln und in den Topf setzen. Mit dem zweiten Klumpen ebenso verfahren und in den anderen Topf setzen. Die Deckel wieder aufsetzen, die Töpfe in den Ofen stellen und 30 Minuten backen. Dann die Deckel abnehmen und weitere 10 Minuten backen. Die Brote danach auf einem Kuchengitter auskühlen lassen.

DILL-BAGUETTE

Gefüllt mit dem skandinavischen Lieblingsgewürz Dill, ist dieses köstliche Baguette vor allem bei dem traditionellen Heringsbüfett und Krebsessen sehr beliebt. Geizen Sie nicht mit dem Dill, denn je mehr, desto besser!

1 BROT

6 G FRISCHE HEFE
½ EL SALZ
420 G WEIZENMEHL (TYPE 550)

FÜLLUNG:
30 G KALTE BUTTER
1 HANDVOLL FRISCHER DILL, FEIN GEHACKT
1 PRISE FLOCKIGES MEERSALZ

In eine Schüssel 400 ml Wasser gießen und die zerbröckelte Hefe darin einrühren und auflösen. Salz und Mehl hinzufügen und zu einem Teig verarbeiten. Bei Zimmertemperatur mindestens 4 Stunden gehen lassen, besser sind 8–10 Stunden über Nacht.

Den Ofen auf 240 °C vorheizen. Den Teig auf eine mit Mehl bestreute Arbeitsfläche stürzen und zu einem 20 x 30 cm großen Rechteck ausrollen. Die Butter in kleinen Flöckchen direkt auf dem Teig verteilen (zum Beispiel mit dem Käsehobel dünn abhobeln). Dill und Meersalzflocken darüberstreuen. Den Teig von der Längsseite her aufrollen und mit der Teigkante nach unten legen. Auf der Oberseite längs einschneiden. Dann in die Länge ziehen, dabei etwas drehen und auf ein mit Backpapier belegtes Blech legen. Sofort 15–20 Minuten backen, anschließend auf einem Kuchengitter auskühlen lassen.

Am besten schmeckt das Baguette frisch gebacken, Sie können es aber auch bis zu einem Monat einfrieren. Danach verliert es an Geschmack.

SAUERTEIGBROT

MIT SAUERTEIG BACKEN

UND AUF DIE HEFE VERZICHTEN!

Es hat für mich etwas verlockend Ursprüngliches, mit Sauerteig zu backen und auf die gekaufte Hefe ganz zu verzichten. Auch wenn ich Anfängern rate, zunächst eine kleine Menge frischer Hefe zum Sauerteigbrot hinzuzufügen, macht es eigentlich keine Schwierigkeiten, Brot ohne Hefe zu backen. Es ist nur wichtig, dass der Sauerteig in einem guten Zustand ist, sodass er sich entwickeln kann. Um dazu die Grundlage zu schaffen, müssen Sie Ihren Sauerteig zuerst etwas näher kennenlernen und einige Stunden vorausplanen. Sollte es beim ersten Mal nicht gleich klappen, gelingt es bestimmt beim zweiten Versuch. Probieren Sie es nur aus!

Etwas geriebener Apfel gibt dem Sauerteigansatz Auftrieb, und aus verschiedenen Gründen gelingt ein Sauerteig am einfachsten mit Roggenmehl. Deshalb habe ich in diesem Buch nur Brote mit Roggensauerteig aufgenommen. Wer mit Weizenmehl experimentieren will, dem empfehle ich, den Ansatz mit Roggenmehl zu machen und erst dann den „Urteig" mit Weizenmehl zu füttern. Auf der nächsten Seite finden Sie ein einfaches Rezept für einen Sauerteigansatz. Das Rezept ist leicht nachzumachen und eignet sich ausgezeichnet für den ersten Brotbackversuch.

Um einen aktiven Sauerteig zu erhalten, empfiehlt sich Folgendes: Setzen Sie nach dem Rezept einen Sauerteig an und lassen Sie ihn gären. Wenn Sie auf diese Weise die erste Kultur angelegt haben, gießen Sie ungefähr drei Viertel des Teiges ab und geben etwa 100 g Roggenmehl und 100 ml Wasser dazu. Dann bei Zimmertemperatur 5–6 Stunden ruhen lassen. Danach etwas umrühren. Erst wenn es schäumt und sich Bläschen bilden, ist der Ansatzteig fertig. Wollen Sie nicht sofort backen, dann stellen Sie den Ansatz in den Kühlschrank. Wer diese Vorbereitung – abgießen und wieder auffüllen – noch ein bis zwei Mal wiederholt, erhält einen erstklassigen Sauerteigansatz. Dadurch wird der Sauerteig stimuliert und erhält mehr Kraft. Später erzielen Sie dasselbe Ergebnis, wenn Sie nach dem Backen einen Rest Sauerteig aufheben und ihn neu anfüttern. Steht der Ansatz einmal zu lange im Kühlschrank, dann müssen Sie ihn wieder neu anregen, indem Sie den größten Teil abgießen und Mehl und Wasser neu auffüllen. Dann kommt der Sauerteigansatz wieder in Schwung.

SAUERTEIG-GRUNDREZEPT

Ein roh geriebener Apfel regt die erwünschten Hefepilze zur Gärung an und vereinfacht den Start der Sauerteigkultur. Mit einem Ansatzteig aus Roggenmehl geht es zudem leichter. Rechnen Sie ein bis drei Tage, bis der Sauerteigansatz zum ersten Backen verwendet werden kann.

FÜR CA. 500 G SAUERTEIG

1 APFEL
200 G ROGGENMEHL (TYPE 1150)

In ein sauberes Schraubglas (mind. 500 ml Volumen) 200 ml Wasser gießen. Einen Apfel schälen und grob reiben, 100 g davon ins Glas geben. Das Mehl hinzufügen und gründlich verrühren. Mit dem Deckel verschließen und das Glas bei Zimmertemperatur stehen lassen. Jeweils morgens und abends durchrühren. Der Sauerteig kann zum Backen verwendet werden, wenn Bläschen aufsteigen. Wer Glück hat, bei dem ist der Sauerteig schon am nächsten Tag in Schwung gekommen, es kann aber auch bis zu drei Tage dauern.

Wenn Sie den Sauerteig sofort verwenden wollen, empfehle ich, noch etwas Hefe zum Brotteig zu geben. Ansonsten gießen Sie ungefähr drei Viertel des Sauerteigs ab, schrauben den Deckel zu und stellen das Glas in den Kühlschrank. So hält sich der Sauerteigansatz mehrere Monate, ohne dass Sie sich darum kümmern müssen.

Vor dem Backen nehmen Sie den Sauerteigansatz 5–6 Stunden zuvor aus dem Kühlschrank, füttern ihn mit 100 g Roggenmehl und 100 ml Wasser an und lassen ihn dann bei Zimmertemperatur stehen. Sobald sich wieder Bläschen bilden, kann er verwendet werden. Ein Sauerteigansatz bekommt umso mehr Triebkraft, wenn Sie ihn schon mehrmals verwendet und wieder angefüttert haben.

DÄNISCHES ROGGENBROT

Ein rustikales und sehr haltbares Brot nach dänischer Art. Sie können es variieren, indem Sie Leinsamen, Sonnenblumenkerne oder Sesam dazugeben und mit Bier und Roggenvollkornschrot vermengen. Wenn Sie das Brot zum ersten Mal backen, benötigen Sie wenig Sauerteig. Bewahren Sie später vom fertigen Brotteig einen Rest in einem Schraubglas im Kühlschrank auf und verwenden Sie diesen als Sauerteig, wenn Sie das nächste Mal Brot backen.

1 GROSSES BROT

1. TAG:
100–150 G SAUERTEIGANSATZ ODER AUFBEWAHRTER REST VOM LETZTEN BROTBACKTEIG
10 G FRISCHE HEFE
2 TL SALZ
1 EL HONIG ODER SIRUP
1 ½ EL RAPSÖL
270 G WEIZENMEHL (TYPE 550)
390 G ROGGENBACKSCHROT (TYPE 1800)

2. TAG:
1 FLASCHE BIER (330 ML)
375 G GROBES ROGGENVOLLKORNSCHROT (Z. B. AUS DEM BIO-SUPERMARKT)

1. Tag: Den Sauerteig und die Hefe mit 600 ml Wasser verrühren. Die übrigen Zutaten hinzufügen und zu einem gleichmäßigen, lockeren Teig vermischen. Gut abdecken und bei Zimmertemperatur bis zum nächsten Tag stehen lassen.

2. Tag: Den Ofen auf 175 °C vorheizen. Bier und Roggenschrot in den Teig einrühren. Eine längliche Kastenform (2 l) mit Backpapier auslegen und den Teig bis zum Rand einfüllen. Auf der untersten Schiene im Ofen 30 Minuten backen. Das Brot aus dem Ofen nehmen und drei Mal tief längs einschneiden. Dann wieder in den Ofen schieben und noch etwa 1 Stunde weiterbacken, bis das Brot eine Innentemperatur von 94 °C hat. Dann das Brot in der Form auskühlen lassen und über Nacht ruhen lassen.

Dieses Brot hält bis zu zwei Wochen im Geschirrtuch frisch. Mit der Zeit bekommt es eine härtere Kruste, ist aber saftiger und leichter zu schneiden. Es lässt sich ausgezeichnet einfrieren.

GROBES KÖRNER-SAUERTEIGBROT

Ein grobes, sehr gesundes und saftiges Brot, das dank des Sauerteigs lange haltbar ist.

2 BROTE

VORTEIG:
200 G ROGGENSAUERTEIG
120 G HAFERFLOCKEN
55 G ROGGENBACKSCHROT (TYPE 1800)
120 G SONNENBLUMENKERNE
80 G LEINSAMEN

BROTTEIG:
EVTL. 6 G FRISCHE HEFE
1 EL SALZ
220 G ROGGENBACKSCHROT (TYPE 1800)
275 G WEIZENMEHL (TYPE 550)

Den Vorteig aus den angegebenen Zutaten mit 300 ml Wasser in einer großen Schüssel anrühren. Mit Frischhaltefolie abdecken und bei Zimmertemperatur 5–6 Stunden oder über Nacht ruhen lassen.

Wenn Sie dabei auch Hefe verwenden, lösen Sie diese zunächst in 200 ml Wasser und Salz auf. Die Flüssigkeit mit dem Vorteig und den beiden Mehlsorten in einer Schüssel vermengen. Den Teig wieder 20 Minuten ruhen lassen.

Den Teig auf eine mit Mehl bestreute Arbeitsfläche stürzen. Den Teig halbieren und jeweils zu Brotlaiben formen, diese dann auf ein mit Backpapier ausgelegtes Blech legen und 1 ½ Stunden gehen lassen. Währenddessen den Ofen auf 190 °C vorheizen. Auf der mittleren Schiene 40–45 Minuten backen. Anschließend die Brote unter einem Tuch auf einem Kuchengitter auskühlen lassen.

SKÅNE-KAVRING

Kavring ist ein traditionelles, dunkles, süßliches Roggenbrot aus Südschweden, das einige Zeit erfordert. Aber der Aufwand lohnt sich!

2 BROTE

1. TAG:
95 G ROGGENMEHL (TYPE 1150)
1 TL GEMAHLENER KREUZKÜMMEL (CUMIN)
1 GESTRICHENER EL SALZ

2. TAG, 1. TEIL:
20 G FRISCHE HEFE
75 G ROGGENSAUERTEIG
300 G ROGGENMEHL (TYPE 1150)

2. TAG, 2. TEIL:
200 G DUNKLER SIRUP
500 G ROGGENMEHL (TYPE 1150)
FLÜSSIGE BUTTER ZUM BESTREICHEN

1. Tag: 250 ml Wasser zum Kochen bringen. Alle trockenen Zutaten in eine Schüssel geben, mit dem kochenden Wasser übergießen und verrühren. Mit Frischhaltefolie abdecken und bei Zimmertemperatur 24 Stunden stehen lassen.

2. Tag: Die Hälfte der Hefe in 250 ml Wasser auflösen und den Sauerteig dazugeben. Das Mehl sowie die Quellmasse vom Vortag hinzufügen und verrühren. Mit Frischhaltefolie abdecken und 4 Stunden gehen lassen.

Den Sirup unterrühren und die restliche Hefe im Teig verrühren. Dann die letzte Mehlmenge hineinarbeiten und den Teig noch 1 Stunde gehen lassen.

Ein kleines, tiefes Blech oder eine andere ofenfeste Form (etwa 20 x 20 cm) gut fetten. Etwas Mehl auf die Arbeitsfläche streuen, den Teig aus der Schüssel schaben. In zwei Hälften teilen und jeweils zu einem kleinen Kastenbrot formen. Mit flüssiger Butter bestreichen und in die Form oder das Backblech setzen, dabei die Oberseiten platt drücken und mit Butter bestreichen. Noch einmal 45 Minuten gehen lassen. Währenddessen den Ofen auf 250 °C vorheizen.

Die Brote in den Ofen schieben und die Temperatur auf 175 °C reduzieren. 45 Minuten backen und die Brote in der Form unter einem Tuch auskühlen lassen.

FINNISCHES SAUERTEIGBROT

Ein richtig würziges, säuerliches Brot, das lange frisch hält. Lassen Sie es am besten erst ein bis zwei Tage ruhen, bevor Sie es essen – dann reift sein Aroma.

2 BROTE

1. TAG:
375 G ROGGENMEHL (TYPE 1150)
100 G ROGGENSAUERTEIG

2. TAG:
EVTL. 6 G FRISCHE HEFE
500 G ROGGENMEHL (TYPE 1150)
1 EL SALZ

1. Tag: Das Mehl mit dem Sauerteig und 200 ml Wasser in einer Schüssel verrühren. Mit Frischhaltefolie abdecken und bei Zimmertemperatur 12–16 Stunden stehen lassen.

2. Tag: Die übrigen Zutaten und 500 ml Wasser einarbeiten und den Teig 2 Stunden gehen lassen. Dann auf eine mit Mehl bestreute Arbeitsfläche stürzen und in der Mitte teilen. Zwei Brotlaibe daraus formen und diese auf ein mit Backpapier ausgelegtes Blech legen. Wieder 1 Stunde gehen lassen.

Den Ofen auf 250 °C vorheizen. Die Brote hineinschieben und die Temperatur auf 175 °C reduzieren. 40 Minuten backen und die Brote anschließend unter einem Tuch auf einem Kuchengitter auskühlen lassen.

HELLES BROT MIT ROGGENSAUERTEIG

Ein üppiges Sauerteigbrot nach französischer Art. Etwas Hefe hilft dem Teig, schön aufzugehen, aber wer gern experimentiert, kann auch nur den Sauerteig verwenden. Dieser muss dann gut treiben und Blasen werfen, vom Bäcker braucht es dazu einiges an Erfahrung.

2 BROTE

VORTEIG:
200 G ROGGENSAUERTEIG
EVTL. 6 G FRISCHE HEFE
200 G WEIZENMEHL (TYPE 550)

BROTTEIG:
1 EL SALZ
580–640 G WEIZENMEHL (TYPE 550)

Alle Zutaten für den Vorteig mit 600 ml Wasser in einer großen Schüssel verrühren, mit Frischhaltefolie abdecken und bei Zimmertemperatur 5–6 Stunden oder über Nacht stehen lassen.

Das Salz und das restliche Mehl in den Vorteig einarbeiten. Noch einmal mit Frischhaltefolie abdecken und den Teig weitere 2 Stunden gehen lassen.

Den Ofen auf 250–275 °C vorheizen. Den Teig auf eine mit Mehl bestreute Arbeitsfläche stürzen, teilen und daraus mit dem Teigspachtel und bemehlten Händen zwei füllige Laibe formen. Die Brote auf ein mit Backpapier ausgelegtes Blech legen und sofort 10 Minuten backen. Dann die Temperatur auf 200 °C reduzieren und weitere 30 Minuten backen. Anschließend die Brote auf einem Kuchengitter auskühlen lassen. Das Brot, das bis zum nächsten Tag nicht gegessen wird, am besten gleich einfrieren.

SAUERTEIGBAGUETTES MIT LEINSAMEN

Der Leinsamen gibt dem Baguette ein angenehm nussiges Aroma und bietet etwas zum Knabbern. Entscheiden Sie, ob Sie mit reinem Sauerteig backen wollen oder sicherheitshalber einen Krümel Hefe hinzufügen.

6 BAGUETTES

VORTEIG:
200 G ROGGENSAUERTEIG
EVTL. 6 G FRISCHE HEFE
200 G WEIZENMEHL (TYPE 550)

BROTTEIG:
120 G LEINSAMEN
15 G WEIZENKLEIE
1 EL SALZ
580 G WEIZENMEHL (TYPE 550)

Alle Zutaten für den Vorteig mit 600 ml Wasser in einer großen Schüssel verrühren, mit Frischhaltefolie abdecken und bei Zimmertemperatur 5–6 Stunden oder über Nacht stehen lassen.

Leinsamen, Weizenkleie, Salz und das restliche Mehl in den Vorteig einarbeiten. Noch einmal mit Frischhaltefolie abdecken und den Teig weitere 2 Stunden gehen lassen.

Den Ofen auf 200 °C vorheizen. Den Teig mit einem Teigschaber von den Rändern der Schüssel lösen und auf eine mit Mehl bestreute Arbeitsfläche stürzen. Vorsichtig mit einem Teigspachtel wenden, damit der Teig auf allen Seiten bemehlt wird. Dann den Teig in 12 Stücke aufteilen. Jeweils zwei Stücke ineinander zu einem Baguette drehen und auf ein mit Backpapier ausgelegtes Blech legen, alternativ auf ein Baguette-Backblech. Danach sofort etwa 20 Minuten backen. Alles einfrieren, was nicht bis zum nächsten Tag gegessen wird.

GOTLAND-BROT

Das Gotland-Brot schmeckt intensiv nach fruchtigen Pomeranzen und Brotgewürzen, was die typische Süße dieses Brotes gut unterstreicht.

2 BROTE

ZUM QUELLEN:
30 G GETROCKNETE POMERANZENSCHALEN
1 EL FENCHELSAMEN
1 EL ANIS
300 G ROGGENMEHL (TYPE 1150)

BROTTEIG:
200 G ROGGENSAUERTEIG
EVTL. 6 G FRISCHE HEFE
480 G WEIZENMEHL (TYPE 1050)
320 G ROGGENMEHL (TYPE 1150)
200 G SIRUP
50 G FEINER ZUCKER
1 ½ EL SALZ

Die Pomeranzenschalen 30 Minuten in etwas Wasser kochen. Dann alle weißen Stellen an den Innenseiten der Schalen mit einem Löffel abkratzen und die Schalen fein hacken. Mit den Gewürzen und dem Roggenmehl in eine Schüssel geben. 600 ml Wasser aufkochen und sofort mit den Zutaten in der Schüssel verrühren. Mit einem Teller abdecken und auskühlen lassen.

Den Sauerteig, 100 ml kaltes Wasser und eventuell die Hefe zu der Masse in der Schüssel hinzufügen und verrühren. Abdecken und 4–5 Stunden stehen lassen. Mehlsorten, Sirup, Zucker und Salz unterrühren und den Teig abgedeckt 2 Stunden gehen lassen.

Den Teig auf eine mit Mehl bestreute Arbeitsfläche stürzen und zwei runde Brote formen. Diese auf ein mit Backpapier ausgelegtes Blech legen und weitere 40–50 Minuten gehen lassen. Währenddessen den Ofen auf 250 °C vorheizen. Die Brote hineinschieben und die Temperatur auf 200 °C reduzieren. 45 Minuten backen und auf einem Kuchengitter auskühlen lassen.

HELLE BAGUETTES MIT WEIZENKLEIE

Durch die Weizenkleie bekommen diese köstlichen Baguettes ihren besonderen Geschmack und einen kräftigen Biss.

6 BAGUETTES

VORTEIG:
200 G ROGGENSAUERTEIG
EVTL. 6 G FRISCHE HEFE
200 G WEIZENMEHL (TYPE 550)

BROTTEIG:
33 G WEIZENKLEIE
1 EL SALZ
600 G WEIZENMEHL (TYPE 550)

Die Zutaten für den Vorteig mit 600 ml Wasser in einer großen Schüssel verrühren, mit Frischhaltefolie abdecken und bei Zimmertemperatur 5–6 Stunden oder über Nacht stehen lassen.

Weizenkleie, Salz und das weitere Mehl zum Vorteig hinzufügen und verrühren. Wieder mit Frischhaltefolie abdecken und bei Zimmertemperatur 2 Stunden gehen lassen.

Den Ofen auf 250 °C vorheizen. Den Teig mit einem Teigschaber von den Rändern der Schüssel lösen und auf eine mit Mehl bestreute Arbeitsfläche stürzen. Vorsichtig mit einem Teigspachtel wenden, damit der Teig auf allen Seiten bemehlt wird. Dann den Teig in 12 Stücke aufteilen. Jeweils zwei Stücke ineinander zu einem Baguette drehen und auf ein mit Backpapier ausgelegtes Blech oder ein Baguette-Backblech legen. Danach sofort etwa 15 Minuten backen.

Auf einem Kuchengitter auskühlen lassen und alles einfrieren, was nicht bis zum nächsten Tag gegessen wird.

ROTE-BETE-BROT

Die Rote Bete macht das Brot nicht nur leicht süß und sehr saftig, sondern verleiht ihm auch eine interessante Farbe. Auch wenn es sich ungewöhnlich anhört: Das Brot lässt sich unglaublich gut toasten.

2 LAIBE

1 MITTELGROSSE ROTE BETE (CA. 140 G)
1 EL RAPSÖL
200 G ROGGENSAUERTEIG
1 EL SALZ
EVTL. 6 G FRISCHE HEFE
840 G WEIZENMEHL (TYPE 550)

Den Strunk und das Wurzelende der Roten Bete wegschneiden. Ist sie abgewaschen, dann muss sie nicht geschält werden. Die Rote Bete fein reiben und mit 600 ml Wasser sowie den übrigen Teigzutaten in einer Schüssel verrühren. Die Schüssel mit Frischhaltefolie abdecken und den Teig 4–5 Stunden gehen lassen.

Den Ofen auf 250–275 °C vorheizen. Den Teig mit einem Teigschaber von den Rändern der Schüssel lösen und auf eine mit Mehl bestreute Arbeitsfläche stürzen. Vorsichtig mit einem Teigspachtel wenden, damit der Teig auf allen Seiten bemehlt wird. Dann den Teig in zwei Stücke teilen und diese zu rundlichen Brotlaiben formen. Auf ein mit Backpapier ausgelegtes Backblech legen und die Brote sofort in den Ofen schieben. Die Temperatur auf 225 °C reduzieren und 35 Minuten backen. Danach auf einem Kuchengitter auskühlen lassen und alles einfrieren, was nicht bis zum nächsten Tag gegessen wird.

LANDBROT MIT SONNENBLUMENKERNEN

Ein sehr aromatisches Brot, das ausgezeichnet zu jedem Büfett oder einem großen Essen passt.

1 GROSSES BROT

VORTEIG:
200 G ROGGENSAUERTEIG
EVTL. 6 G FRISCHE HEFE
200 G WEIZENMEHL (TYPE 550)

BROTTEIG:
25 G WEIZENKLEIE
90 G SONNENBLUMENKERNE
1 EL SALZ
600 G WEIZENMEHL (TYPE 550)

Die Zutaten für den Vorteig mit 600 ml Wasser in einer großen Schüssel verrühren, mit Frischhaltefolie abdecken und bei Zimmertemperatur 5–6 Stunden oder über Nacht stehen lassen.

Weizenkleie, Sonnenblumenkerne, Salz und das weitere Mehl zum Vorteig hinzufügen und verrühren. Wieder mit Frischhaltefolie abdecken und bei Zimmertemperatur 2 Stunden gehen lassen.

Den Ofen auf 250–275 °C vorheizen. Den Teig mit einem Teigschaber von den Rändern der Schüssel lösen und auf eine mit Mehl bestreute Arbeitsfläche stürzen. Mit einem Teigspachtel und den Händen zu einem länglichen Brotlaib formen und diesen auf ein mit Backpapier ausgelegtes Blech legen. Der Länge nach einschneiden und sofort 10 Minuten backen. Dann die Temperatur auf 200 °C reduzieren und weitere 40 Minuten backen. Auf einem Kuchengitter auskühlen lassen und alles einfrieren, was nicht bis zum nächsten Tag gegessen wird.

SAUERTEIGLAIB NACH DÄNISCHER ART

Ein rustikales Körnerbrot mit pikantem Kreuzkümmel, der dem herrlich groben Brot sein besonderes Aroma verleiht.

2 BROTE

1 EL SALZ
1 EL GEMAHLENER KREUZKÜMMEL (CUMIN)
300 G ROGGENSAUERTEIG
EVTL. 6 G FRISCHE HEFE
70 ML SIRUP
120 G HAFERFLOCKEN
255 G ROGGENBACKSCHROT (TYPE 1800)
125 G SONNENBLUMENKERNE
80 G LEINSAMEN
275 G WEIZENMEHL (TYPE 550)

Alle Zutaten mit 400 ml Wasser verrühren. Mit Frischhaltefolie abdecken oder die Teigschüssel in eine große Plastiktüte stecken. 4 Stunden gehen lassen.

Den Teig auf eine mit Mehl bestreute Arbeitsfläche stürzen und zwei rundliche Brote formen. Diese auf ein mit Backpapier belegtes Blech legen. Weitere 1 ½ Stunden gehen lassen. Währenddessen den Ofen auf 190 °C vorheizen. Die Brote auf der mittleren Schiene 40–50 Minuten backen. Auf einem Kuchengitter auskühlen lassen und alles einfrieren, was nicht bis zum nächsten Tag gegessen wird.

KORIANDER-KAVRING

Koriander ist ein ausgezeichnetes Brotgewürz, das dem Brot ein feines orangenähnliches Aroma verleiht. Zu der leichten Süße dieses dunklen Sauerteigbrotes passt es hervorragend. Je nach Geschmack können dem Brot Rosinen hinzugefügt werden.

2 BROTE

1 EL KORIANDER
1 EL SALZ
210 ML SIRUP
300 G ROGGENSAUERTEIG
EVTL. 6 G FRISCHE HEFE
120 G HAFERFLOCKEN
120 G SONNENBLUMENKERNE
310 G ROGGENBACKSCHROT (TYPE 1800)
335 G WEIZENMEHL (TYPE 550)
60 G ROSINEN (OPTIONAL)

Den Koriander in einem Mörser grob zerstoßen und mit den übrigen Zutaten sowie 400 ml Wasser in einer Schüssel verrühren. Mit Frischhaltefolie abdecken oder die Teigschüssel in eine große Plastiktüte stecken. 4 Stunden gehen lassen.

Zwei längliche Kastenformen (je 1,5 l) fetten. Den Teig auf eine mit Mehl bestreute Arbeitsfläche stürzen, in zwei Hälften teilen und diese zu Brotlaiben formen. Die Brote in die Kastenformen legen und 1 ½ Stunden gehen lassen.

Den Ofen auf 190 °C vorheizen. Die Brote auf der mittleren Schiene 40–45 Minuten backen, dann auf einem Kuchengitter auskühlen lassen.

KNÄCKEBROT

EINFACHES KÖRNER-KNÄCKEBROT

Ein besonders leicht zu backendes Knäckebrot, bei dem der Teig gleich auf das Blech kommt, ohne dass er ausgerollt werden muss.

12–16 STÜCK

130 G ROGGENBACKSCHROT (TYPE 1800)
85 G HAFERFLOCKEN
60 G SONNENBLUMENKERNE
25 G LEINSAMEN
2 ½ EL SESAM
1 TL SALZ
1 ½ TL FENCHELSAMEN ODER 2 TL GETROCKNETER ROSMARIN
1–2 TL FLOCKIGES MEERSALZ

Den Ofen auf 170 °C vorheizen. Alle Zutaten (bis auf das Meersalz) mit 300 ml Wasser zu einem Teig verrühren. Den Teig dünn auf einem mit Backpapier ausgelegten Blech verteilen; es soll vollständig mit Teig bedeckt sein. Den Teig mit dem Messer oder einem Pizzaschneider in gleich große Stücke schneiden. Mit dem Meersalz bestreuen. 1 Stunde backen, bis das Brot ganz hart geworden ist. Auf einem Kuchengitter auskühlen lassen, in Stücke brechen und bei Zimmertemperatur trocken aufbewahren.

KNÄCKESTICKS MIT KORIANDER UND CHILI

Ein gehaltvolles Knäckebrot mit leichter Chili-Schärfe. Das Aroma im Brot entwickelt sich erst mit der Zeit, essen Sie also nicht gleich alles auf einmal auf!

48 STÜCK

260 G WEIZENVOLLKORNMEHL
170 G HAFERFLOCKEN
200 G SESAM
2 TL SALZ
2 TL KORIANDER, FRISCH ZERSTOSSEN
2 TL CHILIFLOCKEN
1–2 TL FLOCKIGES MEERSALZ

Den Ofen auf 175 °C (170 °C Umluft) vorheizen. Alle Zutaten (bis auf das Meersalz) mit 600 ml Wasser zu einem Teig verrühren. Zwei Bleche mit Backpapier auslegen und den Teig auf beiden so verteilen, dass jeweils das ganze Blech mit Teig bedeckt ist. Mit einem Messer oder einem Pizzaschneider lange schmale Streifen schneiden. Mit Meersalz bestreuen und 1 Stunde backen, bis das Brot ganz hart geworden ist. Auf einem Kuchengitter auskühlen lassen, in Stücke brechen und bei Zimmertemperatur trocken aufbewahren.

ROSMARIN-KNÄCKEBROT

Ein köstliches Knäckebrot, das nach Rosmarin schmeckt. Das Aroma entfaltet sich mit der Zeit, sodass das Brot immer besser wird.

CA. 30 STÜCK

25 G FRISCHE HEFE
2 TL SALZ
2 TL ROSMARIN
12 G WEIZENKLEIE
2 EL SESAM
190 G ROGGENBACKSCHROT (TYPE 1800)
210 G WEIZENMEHL (TYPE 550)

Die Hefe in der Schüssel einer Küchenmaschine zerbröckeln. 250 ml Wasser zugießen und verrühren, bis sich die Hefe aufgelöst hat. Die übrigen Zutaten hinzufügen und den Teig 2–3 Minuten mit dem Knethaken der Küchenmaschine verkneten, bis ein Teigklumpen entstanden ist. Den Teig mit Frischhaltefolie abdecken und 1 Stunde gehen lassen. Währenddessen den Ofen auf 250 °C vorheizen.

Den Teig in 6 Stücke teilen und diese jeweils ganz dünn ausrollen (geht auch gut mit einer Nudelmaschine), dabei großzügig mit Mehl bestreuen. In rechteckige Stücke schneiden und diese auf mit Backpapier ausgelegte Bleche legen. Mit einer Gabel mehrfach einstechen.

Jedes Blech einzeln für etwa 8 Minuten in den Ofen schieben. Gut im Auge behalten, denn die dünnen Scheiben brennen leicht an. Auf einem Kuchengitter auskühlen lassen.

Das Knäckebrot bei Zimmertemperatur trocken aufbewahren.

KNÄCKEBROT MIT KREUZKÜMMEL

Ein Genuss zu kräftigen Käsesorten!

CA. 24 STÜCK

1 EL KREUZKÜMMEL (CUMIN)
260 G ROGGENBACKSCHROT (TYPE 1800)
170 G HAFERFLOCKEN
60 G SONNENBLUMENKERNE
160 G LEINSAMEN
2 TL SALZ
1–2 TL FLOCKIGES MEERSALZ

Den Ofen auf 170 °C vorheizen. Den Kümmel in einem Mörser grob zerstoßen, mit den übrigen Zutaten (bis auf das Meersalz) und 600 ml Wasser in einer Schüssel verrühren. Den Teig dünn auf einem mit Backpapier ausgelegten Blech verteilen; das ganze Blech soll mit Teig bedeckt sein. Den Teig mit dem Messer oder einem Pizzaschneider in gleich große Stücke schneiden. Mit Meersalz bestreuen und 1 Stunde backen, bis das Brot ganz hart geworden ist. Auf einem Kuchengitter auskühlen lassen, in Stücke brechen und bei Zimmertemperatur trocken aufbewahren. So hält es monatelang.

SÜSSE UND PIKANTE BROTAUFSTRICHE

LACHSDIP MIT MEERRETTICH

Ein idealer Dip für sommerliche Häppchen zum Aperitif! Streichen Sie den Dip auf getoastetes helles Brot oder auf dünn geschnittenes Roggenbrot.

4–6 PERSONEN

100 G RÄUCHERLACHS
100 G FRISCHKÄSE
½–1 EL MEERRETTICH, FRISCH GERIEBEN
2 EL DILL, FEIN GEHACKT
SALZ UND FRISCH GEMAHLENER SCHWARZER PFEFFER

Den Räucherlachs in kleine Stücke hacken und mit den übrigen Zutaten vermischen. Mit Salz und Pfeffer abschmecken. Der Dip hält sich gut 3–4 Tage im Kühlschrank.

OLIVENCREME

Die cremige Variante einer Tapenade, die bestens zum Dippen für alle Brotsorten passt. Serviert zu rohen Gemüsesticks macht sich die Creme ebenfalls gut.

CA. 300 ML

3–4 ZEHEN KNOBLAUCH (JE NACH GRÖSSE)
250 G GRÜNE OLIVEN OHNE STEIN
90 G ANCHOVISFILETS (KONSERVE)
3 EL KAPERN
SAFT VON ½ ZITRONE
2 TL DIJONSENF
1 EIGELB
200 ML RAPSÖL
SALZ UND FRISCH GEMAHLENER SCHWARZER PFEFFER

Die Knoblauchzehen schälen. Oliven, Sardellen, Kapern, Knoblauch und Zitronensaft im Mixer pürieren. Senf, Eigelb und Öl hinzugeben und weiter zu einer Creme pürieren. Mit Salz und Pfeffer abschmecken. Die Olivencreme hält sich bis zu einer Woche im Kühlschrank.

GUBBRÖRA – SCHWEDISCHER DIP

Ein echter schwedischer Klassiker, der auf keinem Büfett fehlen darf. Er ist auf Knäckebrot genauso lecker wie auf grobem Roggenbrot.

4–6 PERSONEN

125 G ANCHOVISFILETS (KONSERVE)
4 HARTGEKOCHTE EIER
1 ROTE ZWIEBEL
50 G CRÈME FRAÎCHE
2 EL DILL, FEIN GEHACKT
2 EL SCHNITTLAUCH, FEIN GEHACKT
FRISCH GEMAHLENER WEISSER PFEFFER
EVTL. ETWAS SALZ

Die Sardellenfilets, die Eier und die Zwiebel jeweils separat fein hacken. Vorsichtig mit den übrigen Zutaten vermischen. Mit Pfeffer und eventuell etwas Salz abschmecken. Kühl stellen und einige Stunden ziehen lassen. Der Dip hält sich ein paar Tage im Kühlschrank.

BUTTER MIT PARMESAN

Es ist kinderleicht, Butter selbst herzustellen. Wer mag, kann sie noch mit frisch geriebenem Parmesan würzen.

CA. 100 G BUTTER

300 G SAHNE
1 TL SALZ

NACH BELIEBEN:
50 G PARMESAN ODER GRANA PADANO
FRISCH GEMAHLENER SCHWARZER PFEFFER

Die Sahne mit dem Handrührgerät so lange schlagen, bis sie Butterklumpen bildet und sich das Butterwasser absetzt. Die Flüssigkeit abgießen und den Butterklumpen durchkneten, um die letzte Flüssigkeit herauszudrücken. Das Salz einarbeiten. Jetzt ist die selbst gemachte Butter auch schon fertig, sie wird das eigene Brot aus dem Ofen krönen. Die Butter ist wie die gekaufte Variante im Kühlschrank aufzubewahren.

Parmesanbutter: Die frisch hergestellte weiche Butter mit fein geriebenem Parmesan vermischen. Mit schwarzem Pfeffer und eventuell etwas Salz abschmecken. Bei Zimmertemperatur servieren, aber im Kühlschrank aufbewahren.

ORANGENMARMELADE MIT MÖHREN UND INGWER

Eine sonnengelbe Marmelade mit feinem Ingwer-Aroma.

CA. 3–4 GLÄSER

1 MITTELGROSSE ORANGE
½ ZITRONE
250 G MÖHREN
1 EL FRISCHER INGWER, FEIN GERIEBEN
500 G GELIERZUCKER

Orange und Zitrone mit heißem Wasser abwaschen, aufschneiden und entsaften. Alle Kerne entfernen. Die Schalen und das zurückgebliebene Fruchtfleisch klein hacken, am besten im Mixer. Die Möhren schälen und grob reiben.

Schalen und gehackte Fruchtmasse, Saft, die geriebenen Möhren und 350 ml Wasser in einem Topf unter Rühren aufkochen. Dann bei kleiner Hitze zugedeckt 1 Stunde köcheln lassen. Den fein geriebenen Ingwer die letzten 10 Minuten mitkochen.

Den Gelierzucker nach und nach unter Rühren zugeben und die Marmelade anschließend 2–3 Minuten ohne Deckel kräftig aufkochen.

Den Topf von der Kochplatte nehmen und die Marmelade etwa 15 Minuten ruhen lassen. Mehrfach durchrühren, damit sie etwas abkühlt.
Die Marmelade in saubere, heiße Gläser einfüllen und die Schraubdeckel schließen. Dunkel und kühl gelagert hält die Marmelade mindestens ein Jahr.

HIMBEERKONFITÜRE MIT CHILI

Die leichte Chili-Note macht diese Konfitüre zu etwas ganz Besonderem. Als Dip zur Käseplatte passt sie genauso gut wie auf das Frühstücksbrot!

CA. 2–3 GLÄSER

500 G HIMBEEREN
250 G GELIERZUCKER
2 TL VANILLEZUCKER (KEIN VANILLIN, DENN ES VERLIERT BEIM KOCHEN SEINEN GESCHMACK)
½ TL CHILIFLOCKEN

Die Beeren verlesen und abspülen. Mit den restlichen Zutaten in einen Topf geben. Aufkochen und 7 Minuten auf höchster Stufe kochen lassen.

Gut abschäumen und in saubere, heiße Gläser füllen. Dunkel und kühl gelagert hält die Konfitüre mindestens ein Jahr.

Mette Ankarloo ist Kochbuchautorin, Rezept-Entwicklerin und Foodstylistin. Nach mehr als zwanzig Jahren Berufspraxis kann sie auf viele Zeitschriftenreportagen sowie Koch- und Backbücher zurückblicken. Brotbacken ist eine ihrer besonderen Leidenschaften, denn für sie ist das Herstellen des Brotteigs genauso ein Genuss wie das frisch gebackene Brot selbst. Ihre Devise beim Brotbacken: „Das kann jeder!“

Christina Uhlin arbeitet als Fotografin für das Magazin *Allers* und hat sich auf die Bereiche Food, Mode, Interieur und Porträts spezialisiert. Sie hat bereits bei mehreren Koch- und Backbüchern mitgewirkt.

REGISTER